von Margret Datz

Der Umgang mit dem Computer und die Recherche im Internet gehören zu den Grundfertigkeiten heutigen Lernens. Einmal in die neuen Techniken eingewiesen, haben die Schüler die Möglichkeit, team- und handlungsorientiert Lösungen zu Problemen selbst aufzuspüren, die es im Internet in vielfältiger Weise gibt.
Auch die meisten deutschen Schulen haben mittlerweile durch die Aktion **Schulen ans Netz** Zugriff auf die Datenautobahn, die eine Fülle von kindgerechten Seiten zu den verschiedensten Unterrichtsthemen bietet. Man muss sie nur finden. Diese Arbeit haben wir Ihnen abgenommen.
Das Heft zum Thema **Schriftsteller, Bücher und Filme** bietet 20 Arbeitsblätter, die zum Teil durch Erforschen vorgegebener Internetadressen von den Schülern selbstständig gelöst werden können. Berücksichtigt wurde dabei der **fächerübergreifende Ansatz** in Sachkunde und Deutsch und die **neuen Bildungsstandards**. Außerdem gibt es Tipps zur Weiterarbeit. Die Internetadressen können bequem auf der Homepage der Autoren **www.computer-in-der-schule.de** oder beim **Mildenberger Verlag** direkt angeklickt werden.
Bitte achten Sie unbedingt darauf, dass die Schülerinnen und Schüler nur die von uns aufgeführten Links anklicken!
Ein verständliches Technik-Kapitel (S. 5–8) vermittelt Lehrerinnen und Lehrern die nötigen Kenntnisse im Umgang mit dem Medium Computer.

Zu den Arbeitsblättern

1 Von Schriftstellern, Büchern und Filmen

Kompetenzen

Die Kinder kennen

- die Bedeutung des Begriffs Schriftsteller,
- verschiedene Synonyme für den Begriff Schriftsteller,
- verschiedene Darstellungsformen,
- verschiedene Arten von Textträgern,
- einige Namen bekannter Schriftsteller.

Lösungen

1. Ein Schriftsteller ist jemand, der Literatur schreibt und dafür Geld bekommt.
2. Dichter, Erzähler, Schreiber, Autor, Poet
3. Roman, Story, Gedicht, Erzählung, Geschichte, Kurzgeschichte, Krimi
4. Buch, Heft, Film, Serie, Hörbuch
5. von Goethe, Schiller, Maar, Ende, Rowling, Steinhöfel, Funke

Hinweis

- Eigene Leseerfahrungen der Kinder einbinden: Welche Schriftsteller kennt ihr noch?

2 Johann Wolfgang von Goethe

Kompetenzen

Die Kinder

- kennen wichtige Lebensdaten des Dichters,
- kennen einige seiner wichtigsten Werke,
- wissen um seine vielen Talente,
- malen seinen Farbkreis an,
- kennen und gestalten das Gedicht „Der Zauberlehrling",
- kennen einige berühmte Sprüche aus seiner Feder.

Lösungen

1. Johann Wolfgang von Goethe, 28. 08. 1749/Frankfurt am Main, Leipzig, Straßburg, Rechtsanwalt, Frankfurt, Weimar, 1775, Christiane Vulpius, 1806, Sohn August, Charlotte von Stein, Friedrich Schiller, z.B.: Götz von Berlichingen, Die Leiden des jungen Werther, Iphigenie auf Taurus, Faust I
2. Kunstkritiker, Philosoph, Naturwissenschaftler, Jurist, Staatsmann
3. 1791, Farbenlehre, 1810, Buch
   Farbkreis (oben beginnend im Uhrzeigersinn): rot, orange, gelb, grün, blau, violett
4. und 5. individuell

Hinweise

- die Gedichtstrophen für die Lesung auf die Klasse verteilen
- aus den gesammelten Goethe-Sprüchen ein Leporello basteln und ausschmücken
- den Farbkreis im Kunstunterricht aufgreifen

3 Friedrich Schiller

Kompetenzen

Die Kinder

- kennen Friedrich Schiller und wichtige Daten zu Leben und Werk,
- wissen, dass die Europa-Hymne auf der Musik zu einem seiner Gedichte basiert,
- können einen Lückentext richtig ausfüllen.

Lösungen

1. Johann Wolfgang von Goethe, 1759, Freiheiten, Militärarzt, Drama, Tyrannen, fliehen, Theaterdichter, Weimar, Freundschaft, beliebt, Theaterbühnen, 46
2. Die Musik zu seinem Gedicht „Ode an die Freude" wurde Europa-Hymne.
3. individuell

Hinweis

- unter http://www.friedrich-schiller-archiv.de/gedichte/bekannteste-gedichte/ ein Gedicht von Schiller aussuchen und mit den Kindern lesen

4 Michael Ende

Kompetenzen

Die Kinder

- kennen wichtige Fakten zu Leben und Werk von Michael Ende,
- können ein Kreuzworträtsel lösen,
- kennen einige Werke von Michael Ende,
- können eine Tabelle ergänzen,
- können Romantitel dem passenden Symbol zuordnen,
- können ein Symbol selbst finden.

Lösungen

1. 1929, der Nähe von München, 1995, Stuttgart
   Waagerecht: 3) Maler, 6) Filmkritiker, 8) Verfilmungen, 10) Märchen, 11) Sketche, 12) Fantasie
   Senkrecht: 1) Puppenkiste, 2) Schauspieler, 4) Lokomotivführer, 5) Sprachen, 7) Erwachsene, 9) Momo
2. Von oben nach unten: Jim Knopf und Lukas der Lokomotivführer, Momo, Der satanarchäolügenialkohöllische Wunschpunsch, Die unendliche Geschichte
3. individuell

Hinweise

- Leseübung: Wer kann den Titel am besten richtig lesen? Der satanarchäolügenialkohöllische Wunschpunsch
- über eigene Leseerfahrungen berichten

5 Cornelia Funke

Kompetenzen

Die Kinder

- kennen wichtige Fakten aus Cornelia Funkes Leben,
- können ihre Angaben durch ein richtiges Lösungswort überprüfen,
- können ein Foto aus dem Internet ausdrucken,
- können den Inhalt eines Buches vortragen,
- kennen den Inhalt einiger Bücher,
- können ein eigenes Titelbild darstellen.

Lösungen

1. Lösungswort: Tintenherz
2. und 3. individuell

Hinweise

- Besprechen Sie das Copyright von Fotos aus dem Internet. Erlaubt ist nur der eigene Gebrauch, nicht aber die Vervielfältigung und Weitergabe des Fotos.
- Für ganz Eifrige gibt es einen Wissenstest über die Autorin unter: http://www.geo.de/geolino/quiz-ecke/14566-quiz-wissenstest-cornelia-funke

6 Paul Maar

Kompetenzen

Die Kinder

- können einen Schlangentext entziffern und ihm Informationen über Paul Maar entnehmen,
- kennen die Figur „das Sams" und ihre wichtigsten Eigenschaften,
- können das Sams nach der Beschreibung auf der Internetseite malen,
- kennen einige Werke von Paul Maar,
- können ihre Meinung äußern und begründen.

Lösungen

1. Informationen: Paul Maar wurde 1937 in Schweinfurt geboren und lebt mit seiner Familie in Bamberg. Die Mutter starb früh, der Vater war sehr streng. Paul musste heimlich lesen, denn der Vater hielt das für Zeitverschwendung. Er arbeitete als Kunstlehrer, entwarf Bühnenbilder und fotografierte für ein Theater. Als er selber Kinder bekam, gefielen ihm die Kinderbücher nicht, deshalb schrieb er für sie sein erstes Buch: Der tätowierte Hund. Seine bekannteste Erfindung sind die Geschichten um das Sams. Er gewann zahlreiche Preise und seine Bücher sind inzwischen in vielen Sprachen übersetzt.
2. Als er selber Kinder bekam, gefielen ihm die Kinderbücher nicht.
3. wichtig: rote Haare, blaue Punkte im Gesicht, Rüsselnase
4. z. B.: respektlos, witzig, vorlaut, kindlich, komisch, wasserspritzig, verfressen, eifersüchtig
5. bis 7. individuell

Hinweise

- Bei einer Blitzlicht-Umfrage gibt jedes Kind in einem kurzen Satz seine Meinung wieder, die nicht kommentiert wird.
- Bitte weisen Sie die Kinder bei Link 3 darauf hin, dass sie die Bestellbuttons nicht anklicken dürfen.

7 Andreas Steinhöfel

Kompetenzen

Die Kinder

- kennen wichtige Lebensdaten von Andreas Steinhöfel,
- wissen, wie er zum Schreiben kam,
- wissen, was er mit seinen Büchern erreichen will,
- kennen die wichtigsten TV-Serien, zu denen er Drehbücher geschrieben hat,
- wissen um die besonderen Eigenschaften seiner Protagonisten,
- kennen seine wichtigsten Buchtitel,
- können eine Antwort begründen.

Lösungen

1. individuell
2. geb. 14. 11. 1962 in Battenberg, er lebte lange Zeit in Berlin
3. Er las ein Kinderbuch, das ihm nicht gefiel, und dachte: „Das kann ich besser!"
4. Spaß machen
5. Käpt'n Blaubär Club, Urmel aus dem Eis, Löwenzahn
6. Kästchen 1, 3, 4 und 5
7. z. B.: Dirk und ich, Paul Vier und die Schröders, Beschützer der Diebe, Die Mitte der Welt, Defender, Wo bist du nur?
8. individuell

8 Mein(e) Lieblingsautor(in)

Kompetenzen

Die Kinder

- können eine Entscheidung treffen,
- kennen wichtige Lebensdaten ihrer Lieblingsautorin / ihres Lieblingsautors,
- kennen wichtige Fakten zu ihrem / seinem Werk,
- kennen ihre / seine wichtigsten Buchtitel,
- können ihre Auswahl begründen.

Lösung

- individuell

Hinweis

- Die Kinder dürfen hier auch andere Quellen benutzen, z. B. eigene Bücher.

9 Beruf Schriftsteller

Kompetenzen

Die Kinder

- kennen Voraussetzungen für den Beruf,
- kennen die Bedeutung des Wortes Recherche,
- wissen, wo man recherchieren kann,
- erkennen die Wichtigkeit eines guten Schreibstils,
- können eine Geheimschrift entziffern.

Lösungen

1. grün: Schriftsteller kann man in jedem Alter werden. – Es gibt keine bestimmte Ausbildung zum Schriftsteller. – Schriftsteller ist keine geschützte Berufsbezeichnung. – Jeder muss seinen eigenen Weg finden. – Als Schriftsteller brauchst du Durchhaltevermögen. – Viele Autoren haben sich das Schreiben selbst beigebracht. – Der Spaß am Schreiben ist das Wichtigste.
2. z. B.: Ermittlung, Untersuchung, Nachforschung
3. vor Ort, in Büchern, in der eigenen Fantasie
4. im Internet
5. z. B.: Langweilige oder zu schwierige Texte liest man nicht gerne.

Hinweis

- Die Kinder könnten als freiwillige Zusatzaufgabe recherchieren, welche Berufe verschiedene bekannte Schriftsteller gelernt oder ausgeübt haben.

10 So schreibe ich ein Buch

Kompetenzen

Die Kinder

- kennen wichtige Dinge, die man beim Schreiben beachten muss,
- kennen wichtige Fragen für Testleser,
- kennen den Begriff Exposé,
- können ein Silbenrätsel lösen.

Lösungen

1. Ideen finden; Interessante Hauptfigur; Richtige Erzählperspektive; Durchhalten; Schreibstil verbessern
2. 1) Ist mein Buch spannend geschrieben? 2) Gibt es unlogische / verwirrende Stellen? 3) Sind die Personen interessant / sympathisch / vielseitig? 4) Hat dir mein Schreibstil gefallen? 5) Gibt es noch Lücken im Text? 6) Würdest du das Buch kaufen? 7) Hat dich etwas in der Geschichte gestört?
3. Anschreiben, Inhaltsangabe, Leseprobe
4. individuell

11 Warum wird ein Buch ein Bestseller?

Kompetenzen

Die Kinder

- kennen die Begriffe Bestseller und Longseller,
- kennen verschiedene Verlagsmethoden, ein Buch zu einem Bestseller zu machen,
- wissen, welche Eigenschaften ein echter Bestseller haben sollte,
- können die aktuelle Bestsellerliste im Internet finden.

Lösungen

1. Ein Bestseller ist ein Buch, das sich in kurzer Zeit viel verkauft. Longseller werden über einen langen Zeitraum viel verkauft.
2. z. B.: Werbung; Lesungen
3. grün: Buchform
4. individuell
5. Harry Potter
6. s. aktuelle Bestsellerliste

12 Vom Buch zum Film

Kompetenzen

Die Kinder

- kennen wichtige Schritte eines Buches auf dem Weg zum Film,
- können einen Lückentext ergänzen,
- kennen die wichtigsten Angaben, die ein Drehbuch enthalten muss.

Lösungen

1. verfilmt, Zeichentrickfilme, Bambi, Schauspielern, Märchenverfilmungen, Buches, Bestseller, Filmrechte, Drehbuch, Szene, Autor
2. Wann spielt die Szene? Wo spielt die Szene? Was passiert? Wer spielt mit? Was sagen die Schauspieler? Welche Stimmung sollen die Schauspieler spielen?

Hinweise

- Weitere Informationen über das Drehbuch gibt es unter: http://www.kinderfilmwelt.de/index.php/de/filmstudio/entstehung_eines_films/dreh/articles/drehbuch.html
- zu einem Märchen in Gruppenarbeit ein Drehbuch erstellen

13 Joanne K. Rowling und ihre Buchhelden

Kompetenzen

Die Kinder

- kennen die Brille als Erkennungszeichen von Harry Potter,
- kennen die Titel der Harry-Potter-Bücher,
- identifizieren sich mit einem Romanhelden,
- wissen, dass Goethe und Rowling beide über einen Zauberlehrling geschrieben haben,
- können ihre Meinung begründen.

Lösungen

1. Brille
2. zunächst wollte kein Verlag das Buch drucken, erste Auflage nur 500 Exemplare, mehr als 450 Millionen Bücher bisher verkauft, seit 2001 acht Filme
3. Stein der Weisen; Kammer des Schreckens; Gefangene von Askaban; Feuerkelch; Orden des Phönix; Halbblutprinz; Heiligtümer des Todes
4. und 5. individuell
6. Beide haben über einen Zauberlehrling geschrieben.
7. individuell

Hinweise

- Unter der Internetadresse http://www.testedich.at/quiz26/quiz/1236774535/Harry-Potter-Quiz-fuer-echte-Kenner können die Kinder ein interaktives Quiz spielen.
- Bei einer Blitzlicht-Umfrage gibt jedes Kind in einem kurzen Satz seine Meinung wieder, die nicht kommentiert wird.

14 Bekannte Verfilmungen

Kompetenzen

Die Kinder

- kennen eine Auswahl bekannter Verfilmungen von Kinderbüchern,
- können ihre eigene Auswahl präsentieren,
- können einen „Spitzenreiter" festlegen,
- können eine Geheimschrift entziffern,
- können eine Tabelle ergänzen.

Lösungen

1. 1) Vorstadtkrokodile – Max von der Grün 2) Räuber Hotzenplotz – Ottfried Preußler 3) Pippi Langstrumpf – Astrid Lindgren 4) Das Sams – Paul Maar 5) Heidi – Johanna Spyri 6) Die unendliche Geschichte – Michael Ende
2. bis 4. individuell

Hinweise

- Nach der eigenen Erfahrung fragen! Vielleicht gibt es Verfilmungen, die die Kinder kennen, die aber nicht in der Liste auftauchen.
- Bevor sich die Kinder die Trailer anschauen, besprechen Sie bitte mit ihnen, dass die Seite nicht abonniert werden darf.

15 Ich gehe zum Film

Kompetenzen

Die Kinder

- kennen die Namen verschiedener Berufe aus der Filmbranche in weiblicher und männlicher Form,
- kennen Einzelheiten zu einem ausgewählten Beruf,
- können ein passendes Symbol zeichnen,
- können ihren Traumberuf präsentieren,
- kennen durch die Präsentationen Einzelheiten zu weiteren Filmberufen,
- können ein Worträtsel lösen.

Lösungen

1. Requisiteurin, Cutterin, Tonmeisterin, Kamerafrau, Kostümbildnerin, Tonassistentin, Aufnahmeleiterin, Regisseurin, Produktionsleiterin, Maskenbildnerin, Szenenbildnerin, Drehbuchautorin
2. bis 5. individuell

16 Von Hörbüchern

Kompetenzen

Die Kinder

- wissen, was ein Hörbuch ist,
- kennen Vor- und Nachteile von Hörbüchern,
- können ihre Meinung dazu äußern und begründen.

Lösungen

1. Kästchen 1, 3 und 4
2. Vorteile: Hände frei; gut vor dem Einschlafen; Sprecher kann Interesse an einer Geschichte wecken; man lernt tolle Geschichten kennen, ohne gut zu lesen
   Nachteile: keine Bilder; Sprecher beeinflusst Sicht des Hörers; Tempo wird bestimmt; man verliert Leseübung
3. und 4. individuell

Hinweis

- Die Ergebnisse der letzten Aufgabe können in einer Blitzlicht-Umfrage vorgestellt werden.

17 Wir produzieren ein Hörbuch

Kompetenzen

Die Kinder

- kennen verschiedene Möglichkeiten, ein Hörbuch aufzunehmen,
- kennen die wichtigsten Regeln für eine Aufnahme,
- finden gemeinsam die für die Klasse passende Möglichkeit.

Lösungen

1. a) Computer, Mikrofon, Software, CD, USB-Stick
   b) Kassettenrekorder, Mikrofon, Kassette
2. Computer, Kassettenrekorder
3. soll er sich ja darüber freuen; dauert das Einsprechen nicht so lange; in der Geschichte mehrere Personen vorkommen; sprich die Worte deutlich aus und betone wichtige Stellen; ihn nach längeren Pausen nicht immer wieder neu finden zu müssen; du während der Aufnahme stehst
4. individuell

Hinweise

- Hier können Sie das Programm „Audacity" kostenlos downloaden: http://audacity.de.downloadastro.com/
- kurze Anleitung des Programms: http://blog.zeit.de/kinderzeit/2009/12/10/zeit-kinderheft-wie-mache-ich-ein-horbuch-2_2996#more-2996

18 Ideensammlung zu meinem Buch

Kompetenzen

Die Kinder

- können Ideen zu einem Buch entwickeln und ordnen,
- können Ideen in Stichwörtern notieren,
- können ihre Ideen präsentieren.

Lösung

- individuell

Hinweis

- Die Klasse könnte nach einem vorher vereinbarten Punktesystem die beste Idee auswählen.

19 Wortfeld „schreiben"

Kompetenzen

Die Kinder

- kennen verschiedene Synonyme für das Verb „schreiben",
- können eine Geheimschrift entziffern,
- können die Verben im richtigen Zusammenhang benutzen.

Lösungen

1. entwerfen, schreiben, dichten, notieren, erzählen, reimen, verfassen, protokollieren, berichten, niederschreiben, aufzeichnen, aufnehmen, aufschreiben, hinschreiben, überschreiben, abschreiben, ausarbeiten, tippen, nachschreiben, unterschreiben, beurkunden, aufsetzen, beschreiben
2. z. B.: einen Brief schreiben, einen Roman niederschreiben, eine Urkunde unterschreiben, ein Gedicht aufschreiben, ein Protokoll verfassen, einen Bericht ausarbeiten, eine Einkaufsliste notieren, einen Satz abschreiben, eine Geschichte erzählen, einen Unfallablauf protokollieren

Hinweis

- Bei Aufgabe 2 sind auch andere Zusammenhänge möglich.

20 Schriftsteller-Domino

Kompetenzen

- Die Kinder können spielerisch das erworbene Wissen überprüfen.

Lösung

- s. Muster auf dem Arbeitsblatt

Wie funktioniert „Lernen im Netz“?

Für die Reihe „Lernen im Netz“ dient das **Internet** als Informationsquelle. Sie erkennen auf den einzelnen Arbeitsblättern unten die dazugehörigen Internetadressen rund um das Thema „Schriftsteller, Bücher und Filme“. Die Kinder recherchieren im Internet und testen so am PC ihr Wissen.

- **Sie sollten die auf Seite 6 beschriebene Linksammlung unbedingt nutzen.**
- **Die Internetadressen sind kindgerecht.**
- **Die Internetseiten sind ein Vorschlag der Autoren zum Thema.**

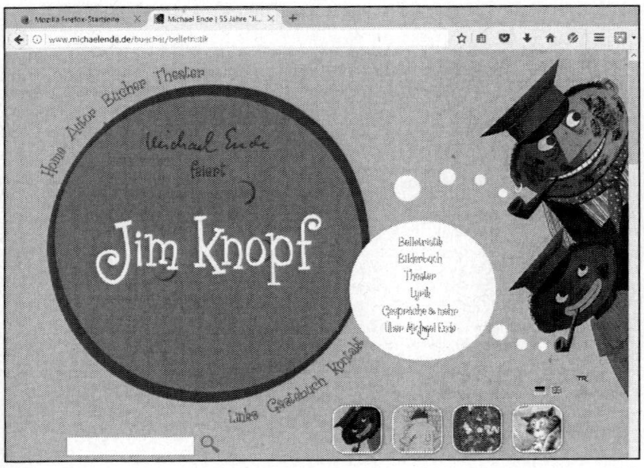

Auf den folgenden vier Seiten lernen Sie die technischen Voraussetzungen für **Lernen im Netz – Von Schriftstellern, Büchern und Filmen** kennen. Lesen Sie die Seiten durch, so sind Sie anschließend für die Aufgaben im Internet „gewappnet“. Für dieses Heft brauchen Sie lediglich einen Internetzugang. Einige Videos ergänzen anschaulich die Informationen.

Kostenloser Newsletter „Lernen im Netz“

Beachten Sie unseren **kostenlosen Newsletter** zu „Lernen im Netz“! Sie können sich dazu beim Mildenberger Verlag anmelden: **Forum – Lernen im Netz**. Freuen Sie sich regelmäßig auf ein **kostenloses Arbeitsblatt** aus unserer erfolgreichen Hefte-Reihe „Lernen im Netz“. Für die optimale Bearbeitung dieser Kopiervorlagen liefern wir Ihnen gleich die passenden und geprüften Internetlinks mit.

Unser Service: Einfacher Zugriff auf die Internetseite

Nun ist es recht umständlich, umfangreiche Internetadressen jedes Mal einzutippen. Zumal ein falsch eingegebenes Zeichen den korrekten Start der Internetseite verhindert! Es ist leichter, die Internetseite des Autorenteams Schwabe & Datz oder des Mildenberger Verlages zu nutzen.

Entweder:

Autorenteam Schwabe & Datz
www.computer-in-der-schule.de

- Lernen im Netz
- Von Schriftstellern, Büchern und Filmen

Oder:

Mildenberger Verlag
www.mildenberger-verlag.de/lernen-im-netz/heft36

Hier als Beispiel die Vorgehensweise beim Mildenberger Verlag

1 Starten Sie Ihre Internetverbindung und geben Sie die Internetadresse des Mildenberger Verlages ein: **www.mildenberger-verlag.de**.

2 Wählen Sie den Punkt **Forum**.

3 Wählen Sie **Lernen im Netz – Links**.

4 Geben Sie das Arbeitsheft **„Von Schriftstellern, Büchern und Filmen"** an.

5 Hier finden Sie eine Linksammlung zu den gesamten Arbeitsblättern des Heftes. Klicken Sie einen Link an, werden Sie mit der gewünschten Internetseite direkt verbunden.

Was ist ein Link?

Ein Link, auch Hyperlink, ist eine direkte Verbindung zu einer anderen Internetseite, die durch Mausklick gestartet wird.

Sie sollten diese Seite mit den direkten Links zu den Arbeitsblättern als **Lesezeichen** bzw. **Favoriten** setzen! Das ist, wie bei einem Buch, eine Markierung, die Sie schnell wiederfinden. Abhängig davon, welchen Browser Sie verwenden, heißen die Befehle dazu unterschiedlich.

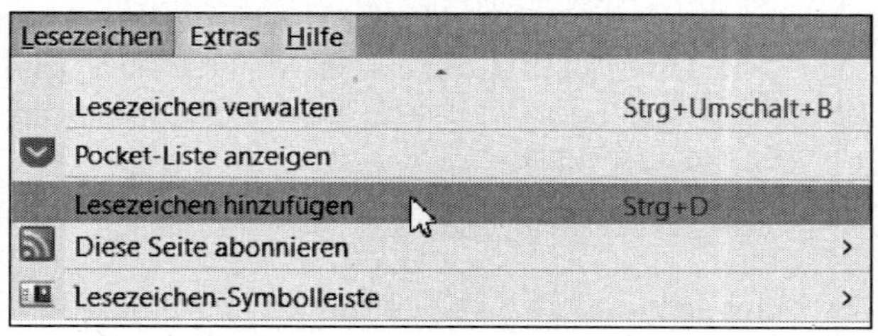

Die Autorenhilfe

Sollten Sie **Fragen** haben, erreichen Sie das **Autorenteam** unter der Internetseite **www.computer-in-der-schule.de.** Für Kritik – ob positive oder negative – sind die Autoren stets dankbar!

Beispiele für Internetseiten, mit denen in diesem Heft gearbeitet wird

Jedes Heft der Reihe „Lernen im Netz" enthält 20 Arbeitsblätter (Kopiervorlagen). Hier einige Beispiele zur Veranschaulichung:

Beim **Arbeitsblatt Nr. 3 „Friedrich Schiller"** recherchieren die Kinder über das Leben des Dichters, wann und wo er geboren wurde und welche Werke er geschrieben hat.

Die Kinder erfahren außerdem, was Friedrich Schiller mit der Europa-Hymne zu tun hat.

Auf der angegebenen Internetseite können sich die Schülerinnen und Schüler die Europa-Hymne sogar anhören.

Falls bei Ihnen diese Darstellung erscheinen sollte, klicken Sie die Schaltfläche **Adobe Flash aktivieren** an.

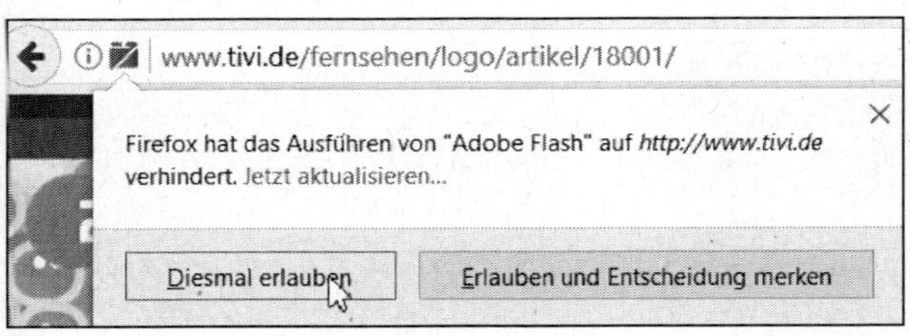

Bestätigen Sie anschließend, dass Sie die Ausführung entsprechend erlauben.

Sobald das Programm ausführbar ist, können sich die Kinder die Hymne für Europa auf unterschiedliche Art und Weise anhören. Sie brauchen dazu z. B. nur das entsprechende Instrument bzw. die Musikrichtung per Mausklick auszuwählen.

Beachten Sie dabei, dass der Lautsprecher eingeschaltet ist. Diesen aktivieren bzw. deaktivieren Sie über das Lautsprechersymbol.

Beim **Arbeitsblatt Nr. 5 „Cornelia Funke"** informieren sich die Kinder unter anderem auf der eigenen Internetseite der Autorin über ihr Leben und ihre Werke. Dabei sollen sie auch ein Bild der Autorin ausdrucken und auf das Arbeitsblatt kleben.

Sie können dazu über **Datei – Drucken** die gesamte Internetseite ausdrucken.

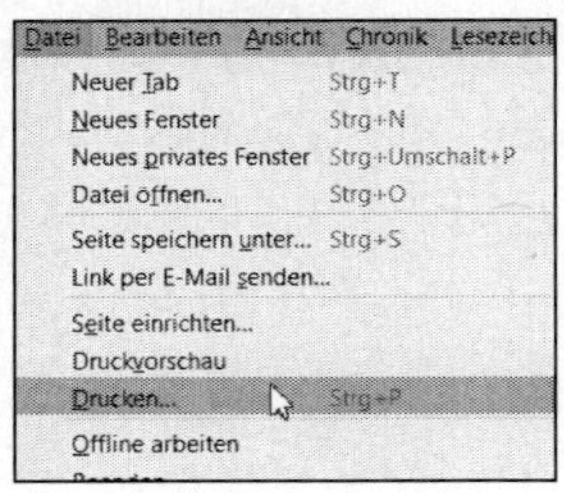

Alternativ kopieren Sie das Bild, fügen es z. B. in eine Textverarbeitung wie WORD ein, passen die Größe an und drucken es aus. Nutzen Sie dazu die auf der nächsten Seite beschriebenen Schritte.

Den gleichen Weg gehen Sie beim **Arbeitsblatt Nr. 7 „Andreas Steinhöfel"**.

1. Starten Sie Ihre Internetverbindung und geben Sie die Internetadresse an.

2. Vergrößern Sie das Bild per Mausklick auf das Lupensymbol.

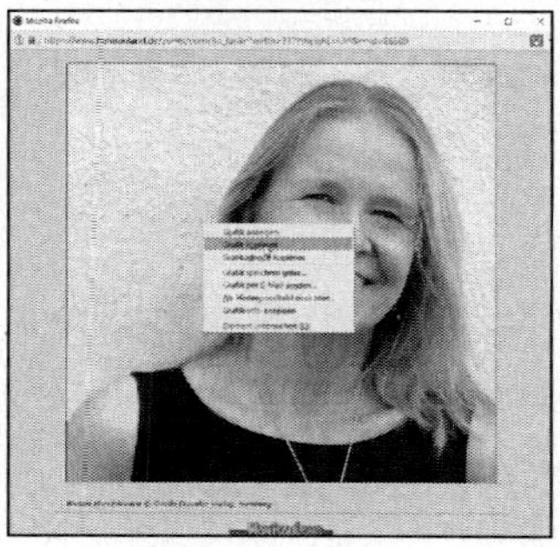

3. Klicken Sie mit der rechten Maustaste auf das Bild und wählen Sie den Befehl **Grafik kopieren**.

4. Starten Sie nun die Textverarbeitung WORD.

5. Klicken Sie in WORD auf die Schaltfläche **Einfügen**. Das Bild wird eingefügt.

6. Klicken Sie ggf. das Bild an. Sie erkennen die runden Eckpunkte.

7. Bewegen Sie den Mauszeiger auf einen der Eckpunkte.

8. Mit gedrückter linker Maustaste können Sie das Bild vergrößern bzw. verkleinern.

9. Haben Sie die Größe angepasst, drucken Sie das Bild z. B. über **Datei – Drucken** aus.

Beim **Arbeitsblatt Nr. 8 „Mein(e) Lieblingsautor(in)"** erstellen die Kinder einen entsprechenden Steckbrief.
Dazu nutzen Sie die Suchmaschinen fragFINN und / oder Blinde Kuh. Bei der Eingabe sollten Sie auf die richtige Schreibweise achten! Hier die Eingabe bei Blinde Kuh:

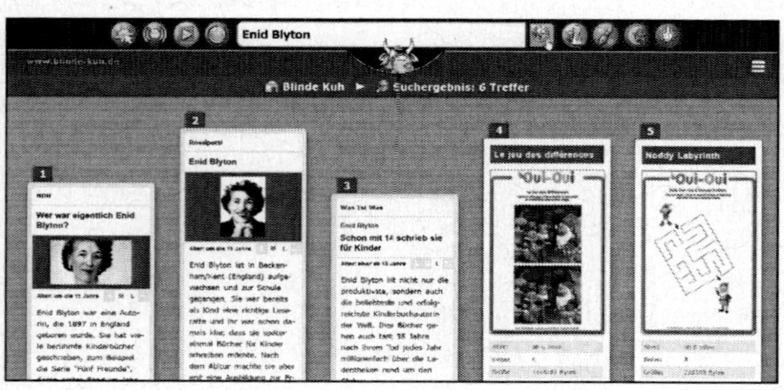

Nach Eingabe des Suchbegriffs erhalten Sie verschiedene Internetadressen zum Thema. Klicken Sie diese an, werden Sie direkt mit der Internetseite verbunden.

Klicken Sie bei fragFinn oben auf den Reiter **Bilder**, werden Ihnen die entsprechenden Bilder angezeigt. Beachten Sie dabei die Hinweise zur Bildnutzung.

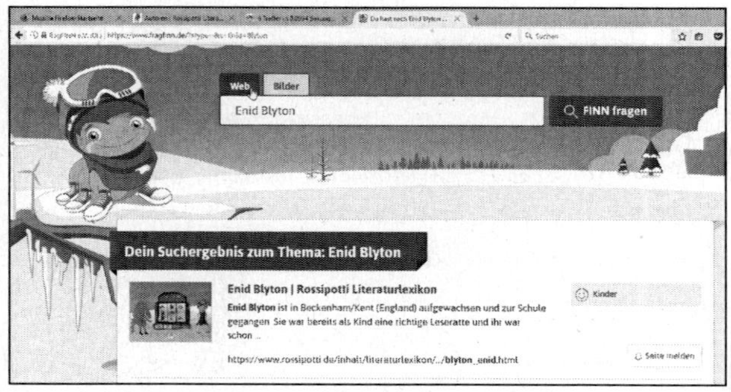

Beim **Arbeitsblatt Nr. 12 „Vom Buch zum Film"** erfahren die Kinder, was man alles beim Erstellen eines Drehbuches berücksichtigen muss.

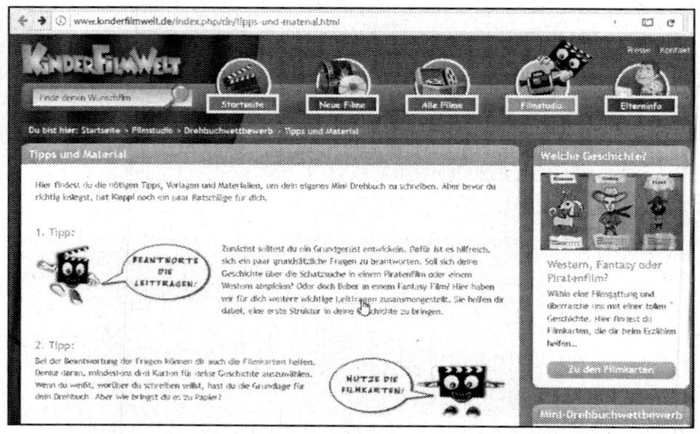

Beachten Sie, dass Sie ganz unten auf der Internetseite auch Filme zu diesem Thema per Mausklick starten können.

Beim **Arbeitsblatt Nr. 15 „Ich gehe zum Film"** informieren sich die Kinder über die verschiedenen Berufe beim Film.
Klicken Sie doppelt auf eines der Bilder, startet der Film.

Von Schriftstellern, Büchern und Filmen

▶ Erkundige dich, was ein Schriftsteller ist und notiere (Link 1).

____

____

____

▶ Im Suchrätsel findest du fünf weitere Bezeichnungen für Schriftsteller. Markiere sie und schreibe sie auf die Linien:

Ä	N	S	A	C	V	R	L	W
D	I	C	H	T	E	R	X	K
K	E	R	Z	Ä	H	L	E	R
S	C	H	R	E	I	B	E	R
A	U	T	O	R	I	I	V	Ö
U	J	Y	Ö	P	O	E	T	J

____

____

____

____

____

▶ Wenn du die Geheimschrift aufgelöst hast, weißt du, welche Art von Werken sie z. B. schreiben könnten.

_ _ _ A _ (18 15 13 1 14)   _ _ _ _ _ (19 20 15 18 25)   _ _ _ _ _ _ _ (7 5 4 9 3 8 20)

_ _ _ Ä _ _ _ _ _ (5 18 26 8 12 21 14 7)   _ _ _ _ _ _ _ _ _ _ (7 5 19 3 8 9 3 8 20 5)

_ _ _ Z _ _ _ _ _ _ _ _ _ _ (11 21 18 26 7 5 19 3 8 9 3 8 20 5)   _ _ _ _ _ (11 18 9 13 9)

▶ Die Werke von Schriftstellern können auf verschiedene Weise veröffentlicht werden, z. B. als:

hcuB ______________, **tfeH** ______________, **mliF** ______________,

eireS ______________ oder als **hcubröH** ______________.

▶ Die nachfolgenden Dichter lernst du im Heft näher kennen. Findest du ihre Nachnamen? Markiere sie mit verschiedenen Farben und schreibe sie zu den passenden Vornamen.

Johann Wolfgang ______________

Friedrich ______________ Paul ______________

Michael ______________ Joanne K. ______________

Andreas ______________ Cornelia ______________

VONGOET
HEENDE
FUNKER
OWLING
MAARSC
HILLERST
EINHÖFEL

www.mildenberger-verlag.de/lernen-im-netz/heft36/ab1

Johann Wolfgang von Goethe

Johann Wolfgang von Goethe wird als bedeutendster Schriftsteller Deutschlands bezeichnet. Fast jeder kennt auch heute noch seinen Namen und wohl mindestens eines seiner vielen Werke. Sprüche daraus findet man oft in Poesiealben oder Freundschaftsbüchern. Zudem ist er in der ganzen Welt bekannt.

▶ Ergänze den Steckbrief unten (Link 1):

Name: ______________________________

Geburtstag/Ort: ______________________________

Studium in ______________ und ______________

Arbeit als ______________ in ______________

Minister in ______________ ab ______________

Heirat mit ______________ im Jahre ______________

Nachkommen: ______________________________

Freundschaften mit ______________ und ______________

Wichtige Werke, z. B.: ______________________________

____

▶ Goethe hatte viele Talente und war gleichzeitig Dichter und Schriftsteller,

______________, ______________, ______________,

______________, ______________.

▶ Erkundige dich, was die Abbildung rechts mit Goethe zu tun hat (Link 2 und 3). Ergänze den Lückentext und male den Farbkreis an.

Seit ______________ beschäftigte er sich intensiv

mit der ______________ und veröffentlichte

schließlich ______________ dazu ein ______________.

▶ Eines der Gedichte von Goethe heißt „Der Zauberlehrling“ (Link 4). Druckt es aus und veranstaltet eine Gedichtlesung.

▶ Frage deine Eltern/Großeltern/Nachbarn nach einem Goethe-Spruch und schreibe ihn auf. Du kannst auch unter Link 5 nachschauen.

www.mildenberger-verlag.de/lernen-im-netz/heft36/ab2

Friedrich Schiller

Ich gelte neben meinem Freund ____

als der größte deutsche Dichter. Aber ich selbst finde, dass ich gegen ihn nicht bestehen kann.

Ich wurde __________ in Marbach geboren und musste schon mit vierzehn Jahren das

Elternhaus verlassen, um auf Befehl des Herzogs in eine Militärakademie einzutreten.

Dort war es wie in einem Gefängnis, denn wir hatten kaum _________________.

Im Anschluss an meine medizinischen Studien wurde ich ____________________,

aber das machte mir überhaupt keinen Spaß.

1781 schrieb ich mein erstes ____________, „Die Räuber“, in dem ich zum Kampf

gegen ________________ aufrief, womit ich meinen Landesherrn Herzog Karl Eugen

meinte. Deshalb musste ich ____________, denn der Herzog war darüber natürlich nicht

erfreut. Ich arbeitete als __________________________, hatte aber kaum Geld.

Auf Umwegen kam ich schließlich 1787 nach _____________, wo auch mein

Dichterkollege Goethe wohnte. Zwischen ihm und mir entwickelte sich eine große

____________________, aber es gab auch Missstimmungen. Ich mochte seine Frau

nicht und es kränkte mich, dass er überall so ____________ war.

Ich schrieb viele große Dramen, die später bekannt und auf allen

__________________________ aufgeführt wurden.

Am 9. Mai 1805 starb ich im Alter von nicht ganz _______ Jahren an einer akuten

Lungenentzündung.

1759 – Drama – Johann Wolfgang von Goethe – Tyrannen – Militärarzt – Freiheiten – Weimar – Theaterbühnen – Theaterdichter – Freundschaft – 46 – fliehen – beliebt

- Lies aufmerksam und ergänze die Lücken. Link 1 hilft dir dabei.
- Erkundige dich, was Schiller mit Europa zu tun hat (Link 2).

____

____

- Höre dir verschiedene Versionen der Hymne an (Link 3). Welche gefällt dir am besten? ____

www.mildenberger-verlag.de/lernen-im-netz/heft36/ab3

Michael Ende

▶ Löse das Rätsel und du weißt anschließend eine ganze Menge über den Schriftsteller Michael Ende. Link 1 hilft dir dabei.

Michael Ende wurde ___________ in ____

geboren und starb ___________ bei ___________________ .

Waagerecht:

3) Beruf des Vaters:
6) Er verdiente anfangs sein Geld als …
8) Dadurch wurde er weltberühmt:
10) Seine Romane sind wie M …
11) Das schrieb er zuerst: politische …
12) Das hatte er: grenzenlose …

Senkrecht:

1) Von diesem Theater wurde Jim Knopf gespielt: Die Augsburger …
2) Sein erlernter Beruf:
4) Die Figur Lukas ist …
5) Seine Bücher wurden in mehr als 40 … übersetzt.
7) Auch sie lesen seine Bücher:
9) Name einer seiner Romanfiguren:

▶ In den Kreisen sind die Titel von vier seiner bekanntesten Bücher versteckt. Schreibe den Titel jeweils zum passenden Symbol in die Tabelle (Link 2).

▶ Suche einen weiteren Titel aus und male ein zur Geschichte passendes Symbol dazu.

Cornelia Funke

▶ Lies aufmerksam. Sind die Aussagen in der Tabelle richtig ☺ oder falsch ☹? Umkreise die Buchstaben entsprechend und finde das Lösungswort. Hilfe bekommst du unter Link 1.

▶ Kopiere das Foto von Cornelia Funke, drucke es aus und klebe es in das Kästchen rechts.

Lösungswort: ☐☐☐☐☐☐☐☐☐☐

Richtig oder falsch?	☺	☹
Cornelia Funke wurde 1958 in Dorsten/Westfalen geboren.	T	D
Nach dem Abitur und dem Studium arbeitete sie als Lehrerin.	R	I
Sie illustrierte viele Bücher anderer Autoren, deren Geschichten ihr nicht immer gefielen. Deshalb begann sie, eigene zu schreiben.	N	T
Sie rät davon ab, erst auszuprobieren, was einem Spaß macht.	U	T
An dicken Büchern arbeitet sie ungefähr drei Jahre lang.	N	E
Sie hat schon über 40 Bücher geschrieben.	N	C
Sie hat noch keine Auszeichnungen erhalten.	S	H
Ihre Geschichten kennt man in 45 Ländern der Erde.	E	U
Mittlerweile wohnt sie mit ihrer Familie in Los Santos.	K	R
Sie schreibt realistische oder fantastische Geschichten. In manchen Romanen sind Realität und Fantasiewelt auch vermischt.	Z	F

▶ Suche dir unter Link 2 eines der Bücher aus und notiere in Stichwörtern, was du erfährst. Stelle dein Buch in der Klasse vor. Sprecht euch ab, damit ihr möglichst viele Bücher von Cornelia Funke kennenlernt.
Denke dir ein passendes Titelbild zu deinem Buch aus und male es in das Kästchen unten links.

www.mildenberger-verlag.de/lernen-im-netz/heft36/ab5

Paul Maar

▶ Kannst du den Text im Kasten entziffern? Trenne die einzelnen Wörter durch Striche und setze die Satzzeichen (Link 1).

PAUL|MAAR|WURDE1937INSCHWEINFURTGEBORENUNDLEBTMIT
SEINERFAMILIEINBAMBERGDIEMUTTERSTARBFRÜHDERVATER
WARSEHRSTRENGPAULMUSSTEHEIMLICHLESENDENNDERVAT
ERHIELTDASFÜRZEITVERSCHWENDUNGERARBEITETEALSKUN
STLEHRERENTWARFBÜHNENBILDERUNDFOTOGRAFIERTEFÜR
EINTHEATER
ALSERSELBERKINDERBEKAMGEFIELENIHMDIEKINDERBÜCHER
NICHTDESHALBSCHRIEBERFÜRSIESEINERSTESBUCHDERTÄT
OWIERTEHUNDSEINEBEKANNTESTEERFINDUNGSINDDIEGESC
HICHTENUMDASSAMS
ERGEWANNZAHLREICHEPREISEUNDSEINEBÜCHERSINDINZWI
SCHENINVIELENSPRACHENÜBERSETZT

▶ Warum schrieb Paul Maar sein erstes Buch? ____________________

____

____

Wer kennt nicht das Sams? Sicher hast du schon davon gehört, gelesen oder es sogar im Fernsehen gesehen.

▶ Schau nach unter Link 2.

▶ Male das Sams nach der Beschreibung in den Rahmen rechts.

▶ Notiere die Adjektive, die du dort für das Sams findest:

____

____

▶ Informiere dich über weitere Bücher von Paul Maar (Link 3).
Welches gefällt dir am besten? Begründe in einem kurzen Satz.

______________________________________ gefällt mir am

besten, weil ______________________________________.

▶ Stellt eure Wahl in einer **Blitzlicht-Umfrage** in der Klasse vor.

▶ Gibt es Titel, die mehrfach gewählt wurden? Welcher war euer Klassen-Favorit?

____

____

Andreas Steinhöfel

▶ Drucke das Foto von Andreas Steinhöfel aus und klebe es rechts in das Kästchen (Link 1).

▶ Erkundige dich, wann und wo er geboren wurde und in welcher Stadt er lange Zeit lebte.

____

____

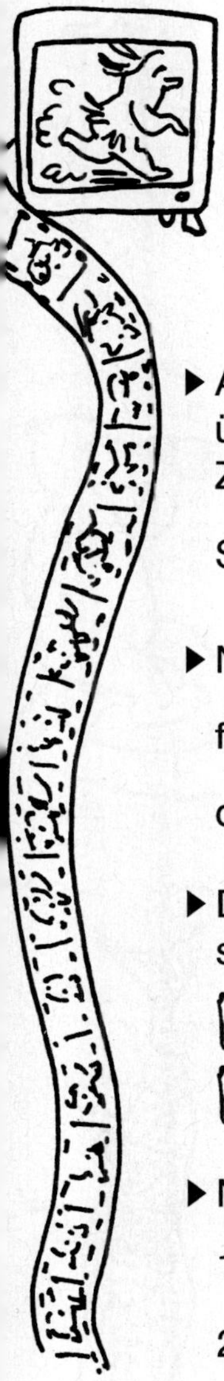

▶ Finde heraus, wie er zum Schreiben kam:

____

____

____

▶ Andreas Steinhöfel will in seinen Büchern vermitteln, dass es sehr hilfreich ist, über seine Sorgen und Probleme zu reden. Er hat aber auch noch ein anderes Ziel. Bücher sollen nicht immer einen bestimmten Auftrag haben.

Sie sollen vor allem ____________________!

▶ Neben Kinderbüchern schreibt er auch Drehbücher fürs Fernsehen, z. B. für

folgende Serien: K ____________________, __________ aus

dem Eis und L ____________________.

▶ Die Personen, die in seinen Geschichten im Mittelpunkt stehen, sind oft anders als die anderen. Kreuze an, was zutreffen kann.

☐ Sie sind vielleicht nicht so schlau. ☐ Sie sind böse. ☐ Sie lieben Jungs statt Mädchen.
☐ Sie verbreiten Chaos. ☐ Sie sind Außenseiter. ☐ Sie sind immer beliebt.

▶ Notiere vier im Text erwähnte Buchtitel:

1. ______________________________________

2. ______________________________________

3. ______________________________________

4. ______________________________________

▶ Lies die Leseprobe aus „Rico, Oskar und der Diebstahlstein“ (Link 2). Neugierig geworden? Begründe deine Antwort.

Ja/nein, weil ______________________________

____

____

www.mildenberger-verlag.de/lernen-im-netz/heft36/ab7

Nº 7

Mein(e) Lieblingsautor(in)

- ▶ Erstelle einen Steckbrief deiner Lieblingsautorin / deines Lieblingsautors. Suche unter Link 1 oder gib ihren / seinen Namen bei **Blinde Kuh** (Link 2) oder **fragFINN** (Link 3) ein.
- ▶ Stelle deine Autorin / deinen Autor der Klasse vor und begründe deine Wahl.

Steckbrief

Name: ______________________________

Geburtstag: ______________________________

Geburtsort: ______________________________

Wohnort: ______________________________

Erlernter Beruf: ______________________________

Titel (Auswahl): ______________________________

____

____

Evtl. Verfilmungen: ______________________________

____

Mein Lieblingsbuch: ______________________________

Auszeichnungen: ______________________________

____

Beruf Schriftsteller

Vielleicht möchtest auch du gerne ein Buch schreiben und ein berühmter Schriftsteller werden. Dann solltest du wissen, auf welchem Weg du das erreichen kannst.

▶ Informiere dich über den Beruf (Link 1 und 2) und male die Kärtchen mit zutreffenden Aussagen grün aus.

- Schriftsteller kann man in jedem Alter werden.
- Es gibt nur einen einzigen Weg, den Beruf zu ergreifen.
- Es gibt keine bestimmte Ausbildung zum Schriftsteller.
- „Schriftsteller" ist keine geschützte Berufsbezeichnung.
- Jeder muss seinen eigenen Weg finden.
- Als Schriftsteller brauchst du Durchhaltevermögen.
- Viele Autoren haben sich das Schreiben selbst beigebracht.
- Als Schriftsteller kann ich unbedingt damit rechnen, reich zu werden.
- Man sollte möglichst wenig lesen.
- Eine gute Berufsausbildung braucht man auf keinen Fall.
- Der Spaß am Schreiben ist das Wichtigste.

▶ Zu der Arbeit eines Schriftstellers gehört die Recherche. Erkundige dich in einem Fremdwörterlexikon, was das Wort bedeutet. Notiere mindestens zwei deutsche Begriffe dafür:

____

▶ Hier kann man sich über ein Thema für ein Buch informieren oder Ideen suchen (Link 1):

vor Ort — in Büchern — in der eigenen Fantasie

__________ __________ ______________________

▶ Wo könntest du heutzutage als Schriftsteller außerdem noch zu einem Thema recherchieren, ohne dein Zimmer zu verlassen?

____

▶ Überlege, warum ein Schriftsteller gut schreiben können muss. Denke dabei vor allem an die Leser.

____

____

____

So schreibe ich ein Buch

Natürlich musst du einiges bedenken, wenn du ein Buch schreiben willst. Sich hinzusetzen und drauflos zu schreiben, genügt nicht.

▶ Lies die Internetseite (Link unten) aufmerksam durch.

▶ Füge die passenden Silben zusammen und du erhältst fünf wichtige Ratschläge.

In san te res te
fi Haupt gur

____

____

I en de
den fin

____

ti ge Rich ve
pek zähl pers ti Er

____

hal Durch ten

____

stil Schreib
bes ver sern

____

Dein Buch ist fertig und du findest es toll. Trotzdem solltest du dir einen oder mehrere Testleser suchen, die deine Geschichte objektiv lesen und dir vielleicht mit Tipps helfen können.

▶ Notiere die Fragen, die deine Testleser beantworten sollten:

1. ______________
2. ______________
3. ______________
4. ______________
5. ______________
6. ______________
7. ______________

Alle sind begeistert? Und du würdest dein Buch gerne veröffentlichen? Dann musst du einen passenden Verlag finden, was gar nicht so einfach ist.

▶ Ein Verlag will meist nicht das ganze Buch, sondern ein Exposé, um einen Eindruck zu bekommen. Was schickst du?

____

▶ Besprecht eure Notizen in der Klasse.

www.mildenberger-verlag.de/lernen-im-netz/heft36/ab10

Warum wird ein Buch ein Bestseller?

▶ Erkundige dich, was die Begriffe **Bestseller** und **Longseller** bedeuten (Link 1).

Ein Bestseller ist ein Buch, ____.

Longseller ____.

▶ Manchmal helfen Verlage ein bisschen nach, um ein Buch zum Bestseller zu machen. Notiere zwei Möglichkeiten, die sie dazu nutzen (Link 1).

1. ____

2. ____

Ein echter Bestseller lässt sich aber nicht „machen". Meist entsteht er, weil er ein aktuelles Thema oder den Geschmack der Menschen trifft.

▶ Überlege, welche Eigenschaften ein solches Buch wohl haben sollte. Male die passenden Felder grün aus.

▶ Vergleiche dein Ergebnis mit einem Partner.

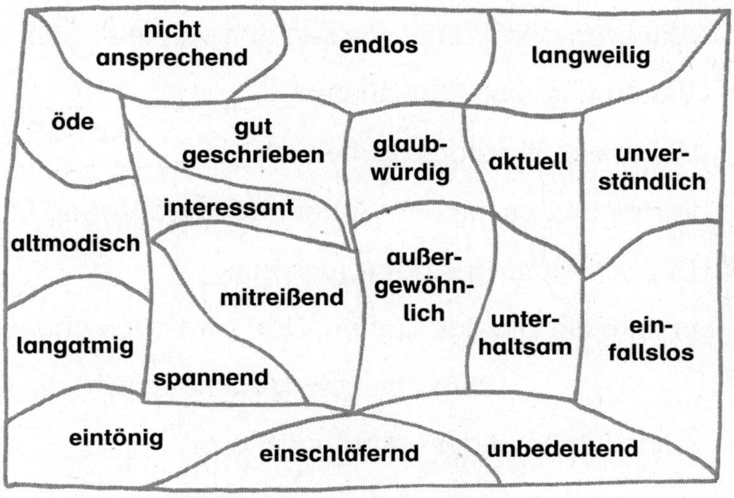

▶ Der bekannteste „echte Bestseller" der Kinder- und Jugendliteratur ist wohl

□□□□□ □□□□□□.

▶ Erkundige dich in der aktuellen Bestsellerliste für Kinder- und Jugendbücher und notiere jeweils die ersten drei Titel (Link 2):

Monat: ____________________ Jahr: ______________

Kinderbuch	Jugendbuch
1. ______________________	1. ______________________
______________________	______________________
2. ______________________	2. ______________________
______________________	______________________
3. ______________________	3. ______________________
______________________	______________________

www.mildenberger-verlag.de/lernen-im-netz/heft36/ab11

Vom Buch zum Film

Bücher, die vielen Kindern sehr gut gefallen haben, werden oft __________.
Schon vor über 70 Jahren hat Walt Disney damit angefangen und __________________ aus solchen Geschichten gemacht. Die Erlebnisse des Hirschkalbs __________ z. B. rühren seit Generationen alle Kinderherzen.
Es werden aber auch Filme mit richtigen ______________ gedreht.
So gibt es z. B. viele __________________ mit berühmten Akteuren. Manchmal werden Schauspieler aber auch erst durch die Verfilmung eines bekannten ____________ berühmt.
Wenn ein Filmstudio auf einen ___________ aufmerksam wird, verhandelt es mit dem Autor oder dem Verlag über die ___________.
Danach muss aus dem Buch ein ___________ geschrieben werden, in dem die Dialoge stehen. Dort wird auch genau beschrieben, wie die ________ ablaufen soll. Manchmal wird die Geschichte abgeändert und nicht immer ist der ursprüngliche ________ des Buches darin eingebunden und mit dem Drehbuch einverstanden.

Bambi – verfilmt – Zeichentrickfilm – Filmrechte – Schauspielern – Märchenverfilmungen – Szene – Drehbuch – Bestseller – Autor – Buches

- Lies den Text aufmerksam und ergänze die Lücken. Überprüfe anschließend dein Ergebnis (Link 1).
- Informiere dich näher über ein Drehbuch und notiere die wichtigsten Fragen, die es beantworten muss (Link 2).

www.mildenberger-verlag.de/lernen-im-netz/heft36/ab12

Joanne K. Rowling und ihre Buchhelden

Ein weltweit bekanntes Beispiel, wie aus einem Buch ein Film und aus Buchhelden beliebte Filmhelden werden, ist die Geschichte von Harry Potter.

- ▶ Male in das Kästchen rechts einen Gegenstand, an dem wohl jeder Harry Potter sofort erkennt.
- ▶ Informiere dich unter Link 1 über Joanne K. Rowling und ihre Helden. Notiere, was dabei so außergewöhnlich ist.

____

____

____

____

- ▶ Im Suchrätsel sind sieben Buch-/Filmtitel der Harry-Potter-Reihe versteckt. Markiere sie und trage sie in der Reihenfolge ihres Erscheinens ein (Link 2).

L	W	X	K	K	S	T	E	I	N	D	E	R	W	E	I	S	E	N
I	I	V	Ö	U	J	Y	Ö	J	S	D	Ö	X	B	V	D	D	E	K
C	L	N	H	A	L	B	B	L	U	T	P	R	I	N	Z	L	Ä	Ö
P	K	G	G	X	O	R	D	E	N	D	E	S	P	H	Ö	N	I	X
H	E	I	L	I	G	T	Ü	M	E	R	D	E	S	T	O	D	E	S
P	P	Y	M	F	E	U	E	R	K	E	L	C	H	W	H	H	V	D
G	E	F	A	N	G	E	N	E	V	O	N	A	S	K	A	B	A	N
K	A	M	M	E	R	D	E	S	S	C	H	R	E	C	K	E	N	S

Harry Potter und

… der ____________________

____________________ ;

… die ____________________

____________________ ;

… der ____________________ ; … der ____________________ ;

… der ____________________ ; … der ____________________ ;

… die ____________________

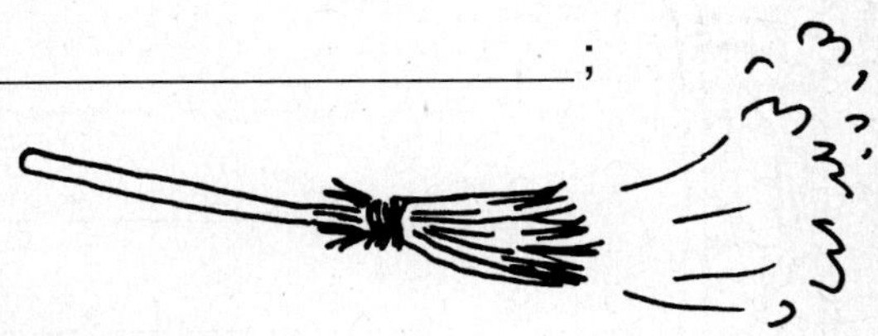

- ▶ Suche dir eine Rolle aus einem der Filme aus (Link 3), die du gerne spielen würdest, und notiere wichtige Stichwörter dazu:

____

____

____

- ▶ Stelle deine Rolle in der Klasse vor. Erkläre auch, warum du gerade diese Figur gewählt hast.
- ▶ Überlegt in der Klasse, was Joanne K. Rowling mit Goethe gemeinsam hat.
- ▶ Macht eine **Blitzlicht-Umfrage** in der Klasse. Beginnt so: „Mir gefällt Harry Potter, weil …“ oder „Mir gefällt Harry Potter nicht, weil …“

www.mildenberger-verlag.de/lernen-im-netz/heft36/ab13

Bekannte Verfilmungen

Ganz sicher kennst auch du einige berühmte Verfilmungen von Geschichten, die zuerst in Buchform existierten.

▶ Entziffere die Rätselschrift und ergänze die Tabelle (Link 1).

Film-/Buchtitel	Autor
	Max von der Grün

▶ Suche drei weitere Titel aus, die dir gefallen oder die dich interessieren (Link 2), und notiere den Buchautor dazu:

1. ______________________________

2. ______________________________

3. ______________________________

▶ Stelle diese zusätzlichen Titel den anderen in der Klasse kurz vor. Gibt es Bücher / Filme, die mehrmals genannt wurden? Notiere sie hier mit der Anzahl der Nennungen:

____

____

____

▶ Der Sieger ist: ______________________________

www.mildenberger-verlag.de/lernen-im-netz/heft36/ab14

Ich gehe zum Film

Wenn du zum Film möchtest, musst du nicht unbedingt schauspielerisches Talent haben. Es gibt viele andere Berufe, die du dort ausüben kannst.

▶ Im Worträtsel sind zwölf dieser Berufe in der männlichen Form versteckt. Markiere sie und schreibe sie in der weiblichen Form auf die Linien (Link 1).

V	R	**R**	**E**	**Q**	**U**	**I**	**S**	**I**	**T**	**E**	**U**	**R**	L	W	X	K
C	U	T	T	E	R	T	O	N	M	E	I	S	T	E	R	K
I	I	V	Ö	U	J	Y	K	A	M	E	R	A	M	A	N	N
Ö	K	O	S	T	Ü	M	B	I	L	D	N	E	R	J	S	D
Ö	X	B	V	D	T	O	N	A	S	S	I	S	T	E	N	T
D	E	A	U	F	N	A	H	M	E	L	E	I	T	E	R	K
C	L	N	L	R	E	G	I	S	S	E	U	R	Ä	Ö	P	K
P	R	O	D	U	K	T	I	O	N	S	L	E	I	T	E	R
M	A	S	K	E	N	B	I	L	D	N	E	R	G	G	X	P
P	Y	M	W	S	Z	E	N	E	N	B	I	L	D	N	E	R
D	R	E	H	B	U	C	H	A	U	T	O	R	H	H	V	D

Requisiteurin

▶ Suche deinen Traumberuf beim Film aus und notiere in Stichwörtern, was du darüber erfährst (Link 1 oder 2).

▶ Male in den Spiegel ein Symbol, das zu deinem gewählten Beruf passt.

▶ Stelle deinen Beruf in der Klasse vor. Kinder, die den gleichen Beruf gewählt haben, dürfen gemeinsam präsentieren.

▶ Gibt es „Spitzenreiter“? Notiere:

1. ______________________ 2. ______________________

3. ______________________

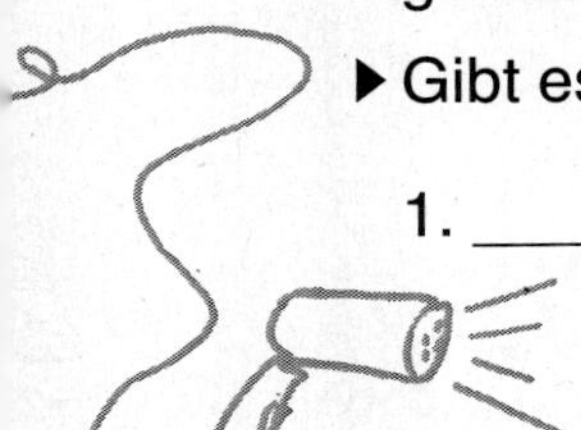

www.mildenberger-verlag.de/lernen-im-netz/heft36/ab15

Von Hörbüchern

▸ Erkundige dich, was ein Hörbuch ist (Link unten), und kreuze richtig an. Achtung! Es sind mehrere Kreuze möglich.

Ein Hörbuch ist

- ☐ die Tonaufzeichnung eines gesprochenen Textes.
- ☐ ein Spiel mit verschiedenen Rollen.
- ☐ ein mit fesselnder Stimme spannend erzählter Text.
- ☐ ein Tonträger.
- ☐ ein Buch mit extra dickem Einband.

▸ Hörbücher haben viele Vorteile, aber auch Nachteile. Ergänze die Tabelle.

Vorteile	Nachteile

Man sieht keine Bilder. Man hat beim Hören die Hände frei. Man kann sie gut vor dem Einschlafen hören. Der Sprecher beeinflusst die Sicht des Hörers auf die Geschichte. Der Vorleser bestimmt das Tempo. Ein guter Sprecher kann das Interesse an einer Geschichte wecken. Man kann die Leseübung verlieren, wenn man nur hört. Man lernt tolle Geschichten kennen, auch wenn man nicht gut lesen kann.

▸ Fällt euch sonst noch etwas ein? Sammelt gemeinsam in der Klasse weitere Vor- und Nachteile.

▸ Und wie ist deine Meinung? Begründe sie kurz:

Ich finde Hörbücher gut/nicht gut, weil ______________________________

____.

www.mildenberger-verlag.de/lernen-im-netz/heft36/ab16

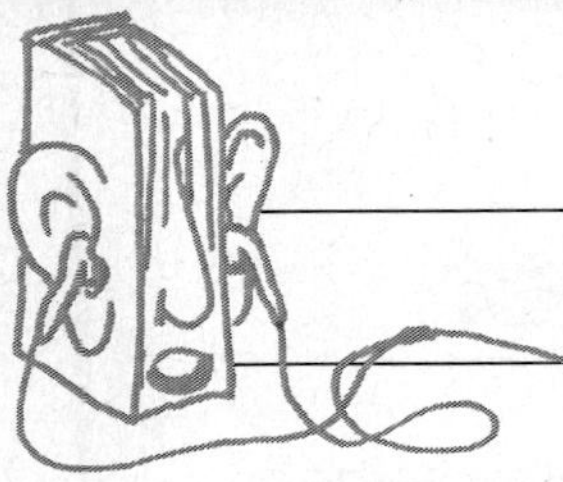

Wir produzieren ein Hörbuch

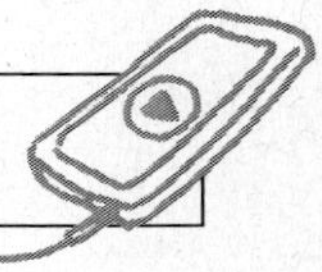

Ein Hörbuch selbst aufzunehmen, ist nicht schwierig. Dazu kannst du eigene Geschichten schreiben oder die Geschichten von anderen vorlesen. Bevor du überhaupt beginnen kannst, brauchst du aber die entsprechende Technik.

▶ Es gibt verschiedene Möglichkeiten, ein Hörbuch aufzunehmen. Erkundige dich (Link 1) und male die Dinge, die zusammengehören, in der gleichen Farbe an.

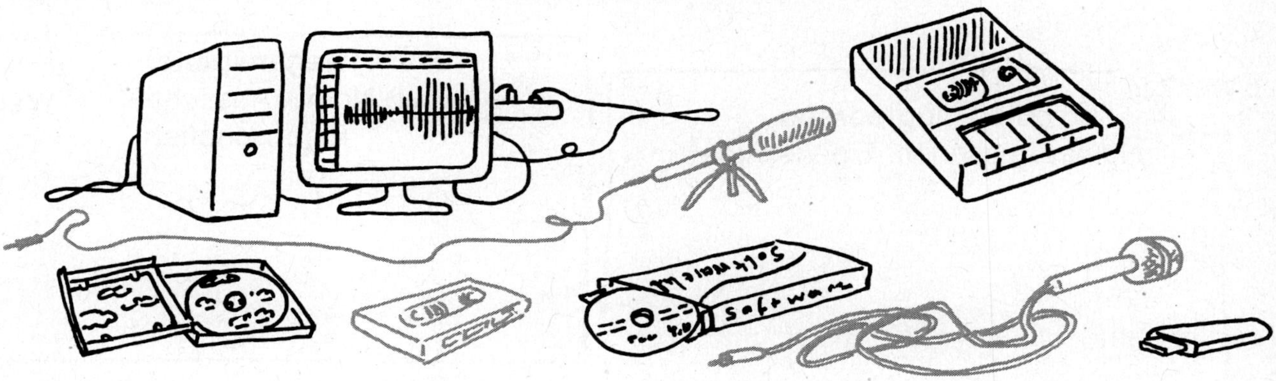

▶ Ergänze die Lücken im Satz:

Man kann Aufnahmen z. B. mit dem **retupmoC** ________________ oder mit einem **redrokernettessaK** ________________________ machen.

▶ Dabei solltest du einige Regeln beachten. Ergänze die Tabelle (Link 2 und 3).

Deine Geschichte sollte dem Beschenkten gefallen, denn schließlich	soll er sich ja darüber freuen.
Wer zum ersten Mal ein Hörbuch macht, fängt besser mit kurzen Geschichten an, denn so	
Toll kann es klingen, wenn	
Leiere den Text nicht einfach so herunter, sondern	
Ermittle den idealen Abstand zum Mikrofon und markiere die Stelle, um	
Deine Stimme klingt klarer und akzentuierter, wenn	

▶ Überlegt gemeinsam in der Klasse, wie ihr ein Hörbuch-Projekt am besten realisieren könntet. Bedenkt dabei eure technischen Möglichkeiten und welche Geschichten ihr wählt.

Ideensammlung zu meinem Buch

Jeder Schriftsteller macht sich zunächst Gedanken über die Geschichte, die er in seinem Buch erzählen will.

- ▶ Suche dir zuerst einen Partner, mit dem du zusammenarbeiten möchtest.
- ▶ Überlegt gemeinsam, wovon euer Buch handeln soll, und notiert eure Ideen in Stichwörtern.

Wer?

Die Hauptperson
Name, Aussehen, Eigenschaften

Gegenspieler
Name, Aussehen, Eigenschaften

Wer?

Wo?

Wer?

Weitere Personen
Namen, Aussehen, Eigenschaften

Was?

- ▶ Umkreist die Adjektive, zu denen eure Geschichte passen soll, die Art der Geschichte und die Zeit, in der sie spielt.

traurig – lustig – spannend – fantastisch – real – märchenhaft – gruselig – unheimlich – anregend – heiter – einfach – leicht – schwer – kompliziert

Krimi
Märchen
Abenteuer
Erlebnis

heute
gestern
morgen

- ▶ Stellt eure Ideen der Klasse vor.

Wortfeld „schreiben“

▸ Kannst du die Geheimschrift lesen? Schreibe die Verben auf die Linien. Ein bestimmter Gegenstand hilft dir dabei.

~~entwerfen~~ – schreiben – dichten – notieren – erzählen –
reimen – verfassen – protokollieren – berichten –
niederschreiben – aufzeichnen – aufnehmen – aufschreiben –
hinschreiben – überschreiben – abschreiben – ausarbeiten –
tippen – nachschreiben – unterschreiben – beurkunden –
aufsetzen – beschreiben

entwerfen ____________ ____________

▸ Schreibe die Verben von oben in kurzen Zusammenhängen. Benutze die Nomen im Kasten unten und schreibe so:

einen Brief schreiben, ____________

~~Brief~~, Roman, Urkunde, Protokoll, Gedicht, Bericht, Einkaufsliste, Satz, Geschichte, Unfallablauf

Schriftsteller-Domino

Deutschlands ist Goethe.	In einem Drehbuch wird	Drehbücher fürs Fernsehen	Michael Ende schrieb
eines gesprochenen Textes.	Paul Maar musste als Kind	viele Talente.	Ein Bestseller ist ein Buch,
zuerst als Erzieherin.	Es gibt keine bestimmte Ausbildung	heimlich lesen.	jede Szene genau beschrieben.
weltweit bekannte Verfilmung.	Friedrich Schiller war	u. a. den Roman „Momo“.	Goethe hatte
Andreas Steinhöfel schreibt auch	Cornelia Funke arbeitete	mit Goethe befreundet.	„Harry Potter“ ist eine
das sich sehr gut verkauft.	Der bekannteste Schriftsteller	Hörbücher sind Tonaufzeichnungen	für Schriftsteller.

- Schneide die Dominokarten an den doppelten Linien aus.
- Beginne mit dem grauen Kärtchen.
- Wenn du alles richtig gelegt hast, siehst du das Muster unten.

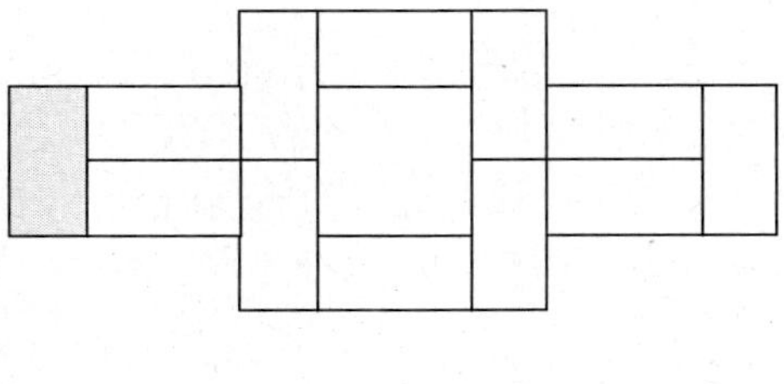